BEI GRIN MACHT SICH IHR WISSEN BEZAHLT

- Wir veröffentlichen Ihre Hausarbeit,
  Bachelor- und Masterarbeit

- Ihr eigenes eBook und Buch -
  weltweit in allen wichtigen Shops

- Verdienen Sie an jedem Verkauf

Jetzt bei www.GRIN.com hochladen und kostenlos publizieren

Ernst Probst

Marie-Louise O'Murphy de Boisfally

Eine Geliebte von Louis XV.

GRIN Verlag

Bibliografische Information der Deutschen Nationalbibliothek:

Die Deutsche Bibliothek verzeichnet diese Publikation in der Deutschen National-
bibliografie; detaillierte bibliografische Daten sind im Internet über http://dnb.d-
nb.de/ abrufbar.

Impressum:

Copyright © 2014 GRIN Verlag GmbH
Druck und Bindung: Books on Demand GmbH, Norderstedt Germany
ISBN: 978-3-656-70700-4

Dieses Buch bei GRIN:

http://www.grin.com/de/e-book/277617/marie-louise-o-murphy-de-boisfally

GRIN - Your knowledge has value

Der GRIN Verlag publiziert seit 1998 wissenschaftliche Arbeiten von Studenten, Hochschullehrern und anderen Akademikern als eBook und gedrucktes Buch. Die Verlagswebsite www.grin.com ist die ideale Plattform zur Veröffentlichung von Hausarbeiten, Abschlussarbeiten, wissenschaftlichen Aufsätzen, Dissertationen und Fachbüchern.

Besuchen Sie uns im Internet:

http://www.grin.com/

http://www.facebook.com/grincom

http://www.twitter.com/grin_com

Junge Mätresse von Louis XV.:
Marie-Louise O'Murphy de Boisfally (1737–1814).
Gemälde „Ruhendes Mädchen"
des französischen Malers
François Boucher (1703–1770) von 1751.
Original im „Wallraf-Richartz-Museum –
Foundation Corboud" (Köln)

Ernst Probst

Marie-Louise O'Murphy de Boisfally

Eine Geliebte
von Louis XV.

Junge Mätresse von Louis XV.:
Marie-Louise O'Murphy de Boisfally (1737–1814).
Gemälde „Die blonde Odaliske"
des französischen Malers
François Boucher (1703–1770) von 1752.
Original in der Alten Pinakothek, München

Marie-Louise O'Murphy de Boisfally

Eine Geliebte von Louis XV.

Zwei Jahre lang war Marie-Louise O'Murphy de Boisfally (1737–1814), genannt „Madame Morphise", „La Morphoise" oder „Morphine", die Geliebte von König Louis XV., der keiner Frau – und sei sie noch so schön – ewig die Treue hielt. Im Vergleich mit der Marquise de Pompadour und der Gräfin von Dubarry erfreute sie sich nicht so lange wie diese der Gunst des französischen Herrschers. Nach ihrer Affäre mit Louis XV. hatte sie noch drei Ehemänner.

Marie-Louise O'Murphy de Boisfally kam am 21. Oktober 1737 in Rouen (Frankreich) zur Welt. Sie hatte vier ältere Schwestern. Ihr Vater Daniel O'Murphy de Boisfally war ein ehemaliger irischer Soldat, der sich als Schuhmacher in Rouen niedergelassen hatte. Nach dem Tod des Vaters zog die Mutter mit den fünf Kindern nach Paris. In der französischen Hauptstadt betrieb die Mutter einen Handel mit Altkleidern. Die Töchter arbeiteten als Schauspielerinnen oder Modelle und wurden angeblich von Saufbrüdern oder älteren Herren ausgehalten.

Französischer Maler
François Boucher (1703–1770).
Porträt des schwedischen Malers
Gustaf Lundberg (1695–1786)

Im Alter von 14 Jahren stand Marie-Louise O'Murphy de Boisfally 1751 erstmals nackt Modell für den französischen Maler, Zeichner und Kupferstecher François Boucher (1703–1770). Sie arbeitete damals als Näherin und wurde Louison genannt. Boucher war Hofmaler von König Louis XV., genoss die besondere Wertschätzung von dessen Mätresse Madame de Pompadour (1721–1764) und war wegen seiner frivolen und sinnlichen Motive berühmt. Ursprünglich wollte Boucher nur eine Zeichnung von Marie-Louise anfertigen und sie als im Wasser plantschende Meerjungfrau in eines seiner riesigen Gemälde einfügen. Doch bald kam er auf die Idee, die Reize von Marie-Louise kämen ganz gut auch ohne die Aufmachung als Meerjungfrau aus und widmet ihr ein eigenes Bild.

Galant-frivole Aktgemälde, wie Boucher sie schuf, waren damals bei einer bestimmten männlichen Käuferschicht sehr beliebt. Auch Abel-François Poisson, der Bruder der königlichen Mätresse Madame de Pompadour, war ein Freund dieser erotischen Malerei. Als er das Gemälde von Marie-Louise O'Murphy im Atelier des Males Boucher hängen sah, bestellte er sich gleich ein eigenes Bild. Diese leicht abgewandelte Fassung entstand 1752. Das erste Gemälde von 1751 heißt „Ruhendes Mädchen", ist 59,5 mal 73,5 Zentimeter groß und befindet sich heute im „Wallraf-Richartz-Museum – Foundation Corboud" (Köln). Das zweite Bild von 1752 trägt den Titel „Die blonde Odaliske", ist 59 mal 73

Italienischer Schriftsteller und Abenteurer
Giacomo Girolamo Casanova (1725–1798).
Porträt des italienischen Malers
Francesco Casanova (1721–1803), des Bruders
von Giacomo Girolamo, um 1750 bis 1755

Zentimeter groß und wird jetzt in der „Alten Pinakothek" (München) aufbewahrt. Einst hatte es sich – wie erwähnt im Besitz des Bruders der Pompadour befinden.

Auf beiden Gemälden räkelt sich ein rothaariges Mädchen, nur mit einem blauem Haarband bekleidet, auf dem Bauch liegend mit leicht angewinkelten Beinen auf einer Chaiselonge. Ihre Lippen sind angeblich noch rot vom Küssen. Das edle Möbelstück ist mit einem kostbar gemusterten gelben Stoff bezogen. Die Chaiselonge stand wohl in einem Adelspalais in Paris. Auf dem Boden liegt eine Rose. Interessiert blickt das nackte Mädchen auf dem Bild über die Lehne hinweg. In einem Buch über die Pompadour wird dieses Motiv als „zauberhaftes Abbild von Zartheit und Lust" bezeichnet.

Auch der italienische Schriftsteller und Abenteurer Ciacomo Girolamo Casanova (1725–1798), der Marie-Louise noch vor Louis XV. in Paris gesehen und angeblich ihre Jungfräulichkeit für den König reserviert hatte, war von ihrer makellosen Schönheit beeindruckt. Casanova reiste durch ganz Europa, galt als Frauenkenner und machte sich durch die Schilderungen zahlreicher Liebschaften einen Namen. In seinen Memoiren „Historie de ma vie" erwähnte er auch Marie-Louise.

Abel-François Poisson, der erwähnte Bruder der Pompadour, soll das von ihm erworbene Aktgemälde

Louis XV.,
König von Frankreich und Navarra (1710–1774).
Porträt des französischen Malers
Louis-Michel van Loo (1707–1771)
aus dem 18. Jahrhundert

von Marie-Louise dem König gezeigt haben, worauf das Schicksal seinen Lauf nahm. Louis XV. war von dem Bild der nackten Schönheit so stark beeindruckt, dass er sich Marie-Louise vorstellen ließ. Beim ersten Treffen verglich der König das Mädchen mit dem Aktbild und kam zu dem Schluss: „Ich habe nie etwas von so großer Ähnlichkeit gesehen." Daraufhin lachte Marie-Louise und parierte eine Nachfrage des Königs geschickt mit den Worten: „Ich lache, weil Sie einem Ecu von 6 Francs wie ein Wassertropfen gleichen."

Die 15-jährige Marie-Louise O'Murphy wurde im Frühjahr 1753 eine der Mätressen des Königs von Frankreich. Außer Adrien Maurice Graf von Ayen, Herzog von Noilles (1678–1766), dem die Pompadour ihre ehemaligen Räume neben den Privatgemächern des Königs überlassen hatte, damit Louis XV. dort keine seine Geliebten einquartieren konnte, bekam kein weiterer Höfling sie im Schloss Versailles zu Gesicht. Der Pompadour behagte es nicht, wie oft sich der König mit dem Mädchen traf, das im „Hirschpark" Quartier bezogen hatte.

Im Alter von 16 Jahren brachte Marie-Louise am 20. Juni 1754 eine illegitime Tochter namens Agathe Louise de Saint-Antoine (1754–1774) zur Welt. Auch danach wohnte sie zeitweise als einzige Geliebte des Königs weiterhin in dessen Privatbordell „Hirschpark". Anderen Gespielinnen von Louis XV. wurden meistens nach der

Marquise de Pompadour (1721–1764),
lässig auf einer Chaiselonge ruhend.
Porträt des französischen Malers
François Boucher (1703–1770) von 1756

ersten Schwangerschaft mit einem anderen Mann verheiratet.

Als sie etwa zwei Jahre lang Mätresse gewesen war, versuchte Marie-Louise 1755 die einflussreiche Geliebte des Königs, Madame de Pompadour, zu verdrängen. Doch sie verlor diesen Machtkampf mit der 16 Jahre älteren Konkurrentin. Denn Louis XV. hatte nicht vor, sich von der Pompadour zu trennen. Sie war zwar nicht mehr seine Bettgenossin, doch stattdessen seine überaus geschätzte Freundin in vielen Dingen. Auf sie wollte der König nicht verzichten. Trotzdem bangte die Pompadour um ihre Stellung.

Erst durch eine böse List wurde Madame de Pompadour ihre lästige Konkurrentin los. Madame de Valentinois, die Schwägerin des Prinzen von Monaco, gab Marie-Louise den angeblich „gutgemeinten" Rat, sie solle den König hin und wieder fragen, wie dieser seine „alte Frau", womit die Pompadour gemeint war, behandle. Naiv befolgte Marie-Louise diesen Rat und besiegelte damit ihren eigenen Untergang als königliche Geliebte. Denn Louis XV. duldete nicht, dass abwertend über Madame de Pompadour gesprochen wurde. Zornig sagte der König zu Marie-Louise: „Unglückliche, wer hat Sie angestiftet, mir diese Frage zu stellen?" Selbst Tränen und Entschuldigungen sowie das Benennen der Anstifterin ihrer Fragen halfen nichts mehr. Der König verließ seine Geliebte voller Wut und sah sie nie wieder.

1755 soll Louis XV. auch mit Brigitte O'Murphy, einer älteren Schwester von Marie-Louise O'Murphy, ein Techtelmechtel begonnen haben. Diese hatte dem Maler François Boucher ebenfalls als Modell gedient. Die Affäre des Königs mit Brigitte O'Murphy dauerte aber offenbar nicht lange.

Marie-Louise O'Murphy de Boisfally hatte in der Folgezeit weitere Geliebte im Umfeld des Hofes. Ungeachtet dessen erreichte sie nie wieder ihren früheren hohen Status, den sie als Gespielin von Louis XV. genossen hatte.. Der König zeigte zwar kein Interesse mehr an ihr, kümmerte sich aber um ihre finanzielle Absicherung. Er stellte ihr 21.000 Francs zur Verfügung und arrangierte eine standesgemäße Heirat.

Erster Ehemann von Marie-Louise wurde 1755 der bretonische Major Jacques de Beaufranchet, Seigneur d'Ayat (1731–1757), der im Stab des Marschalls de Soubis als Offizier diente. Für ihre höfische Aussteuer soll die abgeschobene Geliebte des Königs auf der abgewirtschafteten Burg ihrer Schwiegereltern in der Auvergne wenig Verwendung gehabt haben. Ihr erster Gatte starb am 7. November 1757 während des Siebenjährigen Krieges in der Schlacht von Rossbach (Sachsen) im Alter von 26 Jahren. Wenige Wochen nach seinem Tod kam am 24. November 1757 sein Sohn Louis Charles Antoine de Beaufranchet (1757–1812) zur Welt. Es kursierten zwar Gerüchte, der König sei der leibliche Vater dieses Jungen gewesen, doch dafür lagen keine Beweise vor. Während der Französischen Revolution (1789–1799) stand Louis Charles Antoine de Beaufranchet auf der Seite der Revolutionäre und somit der Gegner des Königshauses.

Nach dem Tod ihres ersten Mannes verließ Marie-Louise mit ihrem Sohn Louis Charles Antoine bald die Burg ihrer Schwiegereltern. Sie war seit ihrem Intermezzo als Geliebte des Königs dem Luxus verfallen und hatte keine Lust, ihr weiteres Leben auf dem „Krähennest" in der Provinz zu fristen.

Zweiter Ehemann von Marie-Louise wurde 1759 François Nicolas Le Normant, Graf von Flaghac (1725–1783), ein Witwer mit drei Kindern. Aus dieser Ehe ging 1768 die Tochter Marguerite hervor. Der zweite Mann starb 1783. Angeblich gelangte Marie-Louise als Geliebte des Abbé Joseph-Marie Terray (1715–1778), der ab 1769 Finanzminister von Louis XV. war, sogar noch einmal in den Dunstkreis des Königshofes.

Als dritter Ehemann folgte 1795 der 28 Jahre jüngere Louis-Philippe Dumont de la Rochelle (1765–1853), ein Abgeordneter des Départements Calvados im Nationalkonvent. Von ihm wurde Marie-Louise 1797 geschieden.

Durch ihre drei Ehen soll Marie-Louise ein beträchtliches Vermögen angehäuft haben. Ihr adliger Sohn machte eine wechselvolle Karriere unter Kaiser Napoléon (1769–1821).

Marie-Louise überlebte ihre eigenen Kinder, zwei ihrer Ehemänner, zwei Könige und deren Mätressen, die Französische Revolution und das Kaiserreich.
Zur Zeit der Französischen Revolution wurde sie wegen ihrer Verbindung zum Königshof kurzzeitig inhaftiert. Am 11. Dezember 1814 starb sie im Alter von 77 Jahren in Paris.

Françoise de Châlus (1734–1821),
Mätresse von Louis XV.
Porträt eines unbekannten Malers

Weitere Mätressen von Louis XV.

Unter den zahlreichen Mätressen von Louis XV. sind zweifellos die Marquise de Pompadour und Madame Dubarry die bekanntesten Gespielinnen dieses liebesbedürftigen Herrschers gewesen. Doch neben ihnen und den vier Schwestern aus der adligen Familie Mailly-Nesle gab es noch etliche andere Geliebte des französischen Königs:

Françoise de Châlus, geboren am 24. Februar 1734 in Saint-Germain-Lembron, gestorben am 7. Juli 1821 in Paris, war die Tochter von Gabriel de Châlus, Seigneur de Sansac (geboren um 1710), und Claire de Géraud de Solages. Am 13. Juli 1749 heiratete sie Jean-François de Narbonne-Lara (1718–1806), der 1780 zum Herzog von Narbonne-Lara aufstieg. Der erste Herzog entstammte der Familie der ehemaligen Vizegrafen von Narbonne aus dem Haus Manrique de Lara, was den Familiennamen Narbonne-Lara erklärt. Der Titel Herzog von Narbonne-Lara erwies sich als ein kurzlebiger Adelstitel. Er erlosch schon 1834 mit dem zweiten Herzog wieder. Françoise war eine der Hofdamen der

Prinzessin Marie-Adélaïde (1732–1800), der Tochter von König Louis XV. und seiner Ehefrau Maria Leszczynska. Um 1750 wurde der König auf Françoise de Châlus aufmerksam und machte sie zu seiner Mätresse. Aus der Affäre mit Louis XV. gingen vermutlich die Söhne Philippe, Herzog von Narbonne-Lara (1750–1834), und der in Parma (Italien) geborene Louis de Bourbon, Graf von Narbonne-Lara (1755–1813), hervor. Um 1755 soll die Beziehung vorbei gewesen sein. Der Sohn Louis starb 1813 im Kampf in Torgau (Sachsen).

Charlotte-Rosalie de Romanet (1733–1753) war die Tochter von Pierre-Jean de Romanet (1685–1750) und Marie-Charlotte d'Estrades. Außerdem war sie die Nichte von Elisabeth-Charlotte Huguet de Sémonville, Gräfin von Estrades (geboren 1696), einer entfernten Verwandten der offiziellen königlichen Mätresse Marquise de Pompadour. Madame d'Estrades war eine Cousine von Charles-Guillaume Le Normant d'Étiolles, des geschiedenen Ehemannes der Pompadour. Zeitweise fungierte sie als Gesellschaftsdame der Pompadour, später als Schmuckaufseherin bei den Töchtern (Mesdames) des Königs. Pikanterweise war Madame d'Estrades die Geliebte des Kriegsministers und Pompadour-Gegners Pierre Marc de Voyer de Paulmy, Graf von Argenson (1696–1764). Die Pompadour ahnte wohl, wie wenig die Freundschaft ihrer angeblich besten Freundin Madame d'Estrades wert war. Ungeachtet dessen brachte die Pompadour selbst leichtsinnigerweise Charlotte-Rosalie de Romanet in die ständige Nähe ihres geliebten Königs. 1749 verhalf sie der jungen Dame zu einer Stellung als Ehrendame bei den Töchtern des Königs und erhoffte sich vielleicht Informationen über die Machenschaften der ihr nicht wohlgesonnenen Mesdame Marie Adélaïde. Am 25. Januar 1751 heiratete die 18-jährige Charlotte-Rosalie de Romanet den Adligen François Martial, Graf von Choiseul-Beaupré (1717–1791). Die Hochzeitsfeier fand im Schloss Bellevue statt, wo das junge Paar seine Flitterwochen verbringen durfte. In der Folgezeit hielt sich das Paar bei vielen Gelegenheiten in der Nähe des Königs auf, obwohl die Pompadour von wohlmeinenden Freunden davor gewarnt wurde. Im Sommer 1752 wurde Louis XV. auf die temperamentvolle, fröhliche und attraktive Charlotte-Rosalie aufmerksam. Beraten von Madame d'Estrades betörte Charlotte-Rosalie den König mit einem Spiel aus Verlockung und Verweigerung. Das wahre Ziel von Madame d'Estrades war die Ablösung ihrer angeblichen Freundin Madame de Pompadour als offizielle königliche Mätresse durch Charlotte-Rosalie de Romanet, Gräfin von Choiseul-Beaupré. Louis XV. verfiel der jungen Verführerin und diese glaubte bald, am Ziel ihrer Wünsche zu sein.

Bei einem Aufenthalt im Schloss Fontainebleau schlich der 42 Jahre alte König heimlich in froher Erwartung zum Schlafgemach der 19-jährigen Charlotte-Rosalie.

Doch auf dem Weg dorthin stieß er sich auf einer engen und schlecht beleuchteten Geheimtreppe so heftig an sein Knie, dass er zumindest für diese Nacht um sein erhofftes Vergnügen gebracht wurde. Da Madame d'Estrades und deren Geliebter d'Argenson wussten, wie schnell der König bei Problemen ein Ziel aufgab, sorgten sie schnell für eine neue Gelegenheit der Hingabe von Charlotte-Rosalie.

Ein Jahr nach ihrer Hochzeit mit dem Grafen von Choiseul-Beaupré stürzte die 19-jährige Charlotte-Rosalie mit aufgelöstem Haar aus dem Zimmer des Königs in einen Raum, in dem sich Madame d'Estrades, d'Argenson und dessen Sekretär aufhielten. Sie warf sich Madame d'Estrades in die Arme und hauchte vernehmlich: „Ja, es ist soweit. Ich werde geliebt ... Er ist glücklich ... Sie [die Pompadour] wird fortgeschickt. Er hat mir sein Wort darauf gegeben."

Charlotte-Rosalie brachte den König sogar dazu, einen Brief aufzusetzen, in dem er die Verbannung der Pompadour ankündigte und an ihrer Stelle sie selbst zur offiziellen Mätresse machte. Diesen Brief überließ sie ihrem Lieblingsvetter Etienne François, Graf von Stainville (1719–1785), der als Herzensbrecher bekannt war und für sie eine Antwort formulieren sollte. Stainville ging mit dem Brief zu seinem Schwager Charles Antoine, Marquis de Gontaut (1708–1800), und fragte, was er damit machen solle. Gontaut überzeugte Stainville, es sei für alle Beteiligten das Beste, wenn er den Brief und sein Wissen der Pompadour zur Verfügung stelle.

Bei einem schnell arrangierten Treffen erfuhr die Pompadour durch Stainville, dass Charlotte-Rosalie ein Kind erwarte, das vermutlich aus der Affäre mit dem König stammte. Außerdem überreichte er ihr den Brief des Königs.

Noch am selben Abend beschwerte sich die Pompadour empört über diesen Skandal bei Louis XV. Der König war erzürnt über die Indiskretion seiner Geliebten Charlotte-Rosalie und verfügte unverzüglich deren Verbannung aus einer Umgebung. Noch in der Nacht mussten Charlotte-Rosalie und ihr Ehemann das Schloss Fontainebleau verlassen. Die 19-jährige Charlotte-Rosalie starb ein halbes Jahr nach diesem Skandal am 2. Juni 1753 im Kindbett. Madame de Pompadour verhielt sich gegenüber ihrer „falschen" Freundin Madame d'Estrades und d'Argenson weiterhin korrekt. Vermutlich wusste sie, dass deren Abstieg nicht mehr fern war. Stainville genoss fortan nicht die Sympathie des Königs. Er ärgerte Louis XV. nicht nur durch die Aufdeckung dieses Skandals, sondern auch damit, dass dieser beim Spiel eine „horrende Summe" an ihn verlor. 1756 wurde Stainville zum Gesandten in Rom ernannt, womit der König seinen Anblick nicht mehr ertragen musste. 1758 stieg er zum Herzog von Choiseul und zum Außenminister auf, 1761 zum Kriegsminister.

Marguerite-Catherine Haynault, geboren am 11. November 1736 in Paris, gestorben am 17. März 1823 in Montmélas, war die Tochter des Pariser Tabakhändlers Jean-Baptiste Haynault und von Catherine Couperis de La Salle. Auch Marguerite-Catherine diente der erwähnten Prinzessin Marie-Adélaïde als Hofdame. In dieser Funktion fiel sie dem König auf und wurde von etwa 1760 bis 1762 seine Mätresse. Während der Affäre mit Louis XV. kamen die Töchter Agnés-Loise (1760–1837) und Anne-Louise (1762–1831) zur Welt. 1766 heiratete Marguerite-Catherine Haynault den Adligen Blaise d'Arod, Marquis de Montmélas (gestorben 1737). Ihre Tochter Agnés-Louise wurde 1778 in Paris die Ehefrau von Gaspar d'Arod, Graf von Montmelas (gestorben 1815). Die Tochter Anne Louise vermählte sich 1780 mit Gabriel Graf von Geslin (gestorben 1796).

Lucie-Madeleine d'Estaing, genannt Madame de Ravel, geboren am 10. Mai 1743 in Paris, gestorben am 7. April 1826 in Clermont-Ferrand, war die illegitime Tochter von Charles-François, Graf von Estaing, Marquis de Saillans, Vizegraf von Ravel (1683–1746), und Madeleine Erny de Milford (1703–1775). Wegen ihrer Schönheit wurde Louis XV. auf Lucie-Madeleine aufmerksam und machte sie ab 1761 bis 1763 zu seiner Mätresse. Aus der Affäre mit dem König gingen die Töchter Agnés-Lucie d'Auguste (1761–1822) und Aphrodite-Lucie d'Auguste (1763–1819) hervor. Agnés-Lucie d'Auguste heiratete 1777 Charles de Boysseulh, Marquis de Boysseulh (1753–1808). Aphrodite-Lucie d'Auguste heiratete 1784 Louis Jules de Boysseulh (1758–1795) in Paris und starb 1819 im Schloss Boysseulh. Die Genealogie der Familie d'Estaing zeigt keine Beziehung zu der Familie des früheren französischen Staatspräsidenten Giscard d'Estaing, der seinen Namen 1922 übernommen hat.

Anne Coupier de Romans, Baronesse de Meilly-Coulogne, geboren am 19. Juni 1737 in Grenoble, gestorben am 27. Dezember 1808 in Versailles, war die Tochter von Jean-Joseph-Roman Coupier de Romans, Baron de Meilly-Coullonges, Marquis de Cavanac, und von Madeleine Armand. In der Literatur findet man auch die Schreibweisen Couffier oder Couppier ihres Familiennamens. Eine Tante von Anne Coupier de Romans wohnte nahe des Palais-Royal in Paris, hatte einschlägige Erfahrungen als Kupplerin und vielleicht auch alte Kontakte zum Kammerdiener Dominique Guillaume Lebel des Königs. Anne stand als Hofdame in Diensten der erwähnten Prinzessin Marie-Adélaïde. Wie bei anderen Hofdamen warf der König auf sie ein Auge und erkor sie 1761 zur Mätresse. Anne war sich für den „Hirschpark" zu schade und forderte ein eigenes kleines Haus in Passy, das sie erhielt. Aus dieser Affäre stammte der im Dezember 1761 in Passy geborene Sohn, der am 13. Januar 1762 vom Ortspfarrer unter

Anne Coupier de Romans,
Baronesse de Meilly-Coulogne (1737–1808).
Porträt eines unbekannten Malers

wahrheitsgemäßer Nennung der wahren Eltern auf den Namen Louis Aimé (1761–1787) getauft wurde. Der Junge war das einzige Kind einer Mätresse, das König Louis XV. anerkannte. Anne stillte ihren Sohn selbst. Der König soll gelächelt haben, wenn Anne von Dienstboten verlangte, das Baby wie einen Thronfolger zu behandeln. Im Sommer sah man Anne in den Gärten des Schlosses Marly, was niemand schaffte, der nicht zur Hofgesellschaft gehörte. Dies beunruhigte die Pompadour so sehr, dass sie in den Gärten der Tuilerien die Mutter und das Kind in Augenschein nahm. In dieser schwierigen Zeit wurde die Pompadour von der Marschallin Mirepoix getröstet, der König würde sie nie aufgeben. Dass Louis XV. die Pompadour weiterhin schätzte, bewies er, indem er ihr ein bequemes Refugium in Nähe des Hofes schenken wollte. Er ließ im Park von Versailles das Lustschloss „Petit Trianon" („Kleines Trianon") errichten. Irgendwann war der König von Anne Coupier gelangweilt. Sein Kammerdiener Lebel brachte sie in einem Kloster unter, bis ein geeigneter Ehemann für sie gefunden wurde. Louis Aimé wurde in eine Schule gesteckt und seinem königlichen Vater immer ähnlicher. 1772 vermählte sich Anne Coupier de Romans mit Gabriel Guillaume de Siran, Marquis de Cavanac (gestorben 1784). Fortan trug sie den Titel Marquise de Cavanac. Ihr Sohn kam in ein Priesterseminar und später zu Kardinal François-Joachim de Pierre de Bernis (1715–1794), Graf von Lyon, nach

27

Rom. Louis Aimé de Bourbon starb am 28. Februar 1787 im Alter von 25 Jahren in Neapel (Italien) an Pocken.

Jeanne-Louise Tiercelin de La Colleterie, genannt Madame de Bonneval, geboren am 25. Dezember 1746 in Mortagne-au-Perche, gestorben am 5. Juli 1779 in Saint-Germain-en-Laye, war die Tochter von Pierre Tiercelin de La Colleterie und Jeanne-Jacqueline Vautorte. Sie hatte von 1762 bis 1765 eine Affäre mit König Louis XV. Aus dieser Verbindung ging der am 7. Februar 1764 in Paris geborene Sohn Benoît-Louis Le Duc (1764–1837). Die junge Mutter war zum Zeitpunkt ihrer Niederkunft etwa 18 Jahre alt. Jeanne-Louise Tiercelin de La Colleterie starb im Alter von nur 32 Jahren. Ihr Sohn Benoît-Louis Le Duc wurde später katholischer Geistlicher. Er fungierte als Prior von Saint Martin des Champs und Abbé von Saint Vincent de Laon. Sein Spitzname war „l'Abbe de Bourbon".

Marie Irène Catherine du Buisson de Longpré (1720–1767) war die Tochter von Jacques du Buisson, Seigneur de Longpré, und Marie-Elisabeth-Irène de Séran. Am 21. Januar 1747 heiratete sie den nichtadligen königlichen Berater Charles François Filleul (1709–1772). Auch Marie Irène Catherine war eine der Hofdamen der erwähnten Prinzessin Marie-Adélaïde. Um 1750 wurde der König auf sie aufmerksam und machte sie zu seiner

Mätresse. Sichtbares Zeugnis dieser Affäre war die Tochter Julie Filleul (1751–1822). Erster Ehemann der Tochter Julie Filleul wurde 1767 Abel-François Poisson de Vandières, Marquis de Marigny (1727–1781), der jüngere Bruder von Madame de Pompadour. Als zweiter Ehemann folgte von 1783 bis 1793 François de La Cropte, Marquis de Bourzac (gestorben 1803). Eine weitere Tochter von Irène du Boisson de Longpré war Adélaide Filleul (1761–1836). Letztere wurde Schriftstellerin und heiratete zunächst Charles-François de Flahaut de La Billarderie (1726–1794), und später Charles-Joseph de Flahaut (1785–1870), den illegitimen Sohn des Staatsmannes Charles-Maurice de Talleyrand-Périgord (1754–1838).

Beatrice de Choseuil-Stainville, Herzogin von Gramont, wurde 1730 in Paris geboren und starb 1794 unter dem Fallbeil. In ihrer Jugend war sie Chorfrau bzw. Stiftsdame (Kanonikerin) von Remiremont. 1759 heiratete sie Antoine Adrien, Herzog von Gramont (1726–1762), den Gouverneur von Navarra und Bearn, verließ ihn aber bereits nach drei Monaten wieder. Sie war die Schwester des Ministers Etienne François, Graf von Stainville, Herzog von Choiseul (1719–1785). Nach dem Tod von Madame de Pompadour im Frühjahr 1764 wollte der Herzog von Choiseul verhindern, dass eine Mätresse aus dem Lager seiner Gegner seine Stellung als Außen- und Kriegsminister gefährdete. Deswegen

*Beatrice de Choseuil-Stainville,
Herzogin von Gramont (1730–1794).
Porträt des schwedischen Malers
Alexander Roslin (1718–1793)*

kam es ihm sehr gelegen, dass seine Schwester Beatrice, die als wahres Mannweib geschildert wird, die Gunst der Stunde nutzte, um die Geliebte des Königs zu werden. Die hässliche und maskuline Beatrice überraschte Louis XV. in seinem Bett und vergewaltigte ihn fast. Das wiederholte sich vielleicht noch einige Male, bis der König diese Variante des Geschlechtsaktes und den selbstherrlichen Charakter der Herzogin unerträglich fand und die Affäre beendete. Während der Französischen Revolution wurde die Herzogin von Gramont zusammen mit ihrer Freundin Diane Adélaïde Rochechouart, Herzogin von Chastelet (1732–1794), zum Tod durch die Guillotine verteilt. Bevor Beatrice am 17. April 1794 unter dem Fallbeil starb, verteidigte sie mutig ihre Freundin: „Womit hat euch dieser Engel beleidigt, dieses sanfte Wesen, das nie Unrecht getan hat, dessen ganzes Leben nichts ist, als eine Reihe von Äußerungen der Tugend, Liebe und Wohltätigkeit?"

Marie Madeleine Barthélemy Thoynard de Jouy, Gräfin von Esparbès (1719–1766), war die Tochter von Barthélemy Thoynard de Jouy (gestorben 1752) und Marie Anne de Saint-Pierre (gestorben 1768). Im Alter von etwa 17 Jahren heiratete sie 1736 Louis Armand de Labriffe (gestorben 1752). Aus der Ehe ging der Sohn Arnauld Barthélemy de Labriffe hervor. Sie wurde nach Beatrice de Choseuil-Stainville, Herzogin von Gramont, die Geliebte von Louis XV. Die attraktive und freizügige

Rothaarige hatte etliche Liebhaber, zu denen auch der Herzog von Choiseul gehört haben soll. Möglicherweise war sie bereits zu Lebzeiten von Madame de Pompadour eine Geliebte von Louis XV. gewesen. Madame de Esparbès, die seine Schwester Beatrice aus dem Bett des Königs verdrängt hatte, erschien dem Herzog von Choiseul sehr gefährlich. Deswegen wandte er gegen sie eine List an. Er stiftete eine Freundin der Gräfin von Esparbès an, diese über die sexuellen Vorlieben des Königs auszuhorchen und alles sorgfältig aufzuschreiben. Diesen „Bericht" legte Choiseul dem König vor und log, er sei von der Gräfin von Esparbès verfasst. Außerdem behauptete er, diese Dame brüste sich, bald Herzogin und offizielle Mätresse des Königs zu sein. Wie erhofft, ließ Louis XV., der Indiskretionen verabscheute, die Gräfin von Esparbès sofort fallen und vom Hof verbannen. Danach wandte er sich wieder den Damen im „Hirschpark" zu.

Catherine Éléonore Bérnard, geboren am 4. Februar 1740 in Versailles, gestorben am 23. Juni 1769, war die Tochter von Pierre Bérnard (1695–1755), der als Stallmeister von König Louis XV. arbeitete, und seiner Cousine Barbe Bernard. Auch Catherine Éléonore diente der Prinzessin Marie Adélaïde als Hofdame. Damit geriet sie in das Blickfeld von König Louis XV. und wurde um 1768 seine Mätresse. Am 11. März 1768 hatte sich Catherine Éléonore Bérnard in Nogent-sur-

Marne mit Joseph Baron de Monteyran (1729–1794) vermählt. Sie starb am 23. Februar 1769 im Alter von 29 Jahren bei der Geburt der Tochter Louise Françoise Adélaïde (1769–1850) im Schloss Versailles. Als Vater von Louise Françoise Adélaïde gilt der König. Dessen Tochter Prinzessin Marie-Adélaïde übernahm die Patenschaft für das Kind ihrer ehemaligen Hofdame. Das unehelich geborene Mädchen Louise Françoise Adélaïde heiratete 1797 Jean Pierre Bachasson, Graf von Montalivet (1766–1823).

Marie Thérèse Françoise Boisselet, geboren 1731 in Paris, gestorben 1800, war die Tochter von Pierre-Sulpice Boisselet (1715 geboren) und von Marie-Thérèse Carouailles (1720 geboren). Sie wurde 1768/1769 die Mätresse von Louis XV. Aus dieser Affäre ging am 23. Januar 1769 der Sohn Charles Louis Cadet de Gassicourt (1769–1821) hervor. Marie Thérèse Françoise heiratete 1771 in Paris den französischen Chemiker, Apotheker und Freimaurer Louis Claude Cadet de Gassicourt (1731–1799), der in die Annalen der Wissenschaft einging. Louis Claude Cadet war erster Apotheker und Senior des königlichen Pariser Invaliden-Hospitals und Oberinspektor der Apotheken der französischen Militärhospitäler. Später wurde er Direktor der Porzellanmanufaktur in Sèvres. 1766 wählte man ihn zum Mitglied der „Académie des sciences". De Gassicourt arbeitete 1760 an unsichtbaren Tinten („Geheimtinten") auf der Basis von Cobalt-Salzen. Er verwendete Cobalt-Mineralien, die mit Arsenik verunreinigt waren. Bei der Destillation dieser Mineralien zusammen mit Kaliumacetat bildete sich Tetramethyldiarsin, eine sehr widerlich riechende, hochgiftige Verbindung. Diese Verbindung bezeichnete man zunächst als „Cadets Flüssigkeit"oder „Cadet'sche rauchende Flüssigkeit". Dabei handelte es sich um die erste historische belegbare Synthese einer metallorganischen Verbindung. Marie Thérèse Françoise starb am 1. September 1800 im Alter von 69 Jahren.

Auf der Internetseite „Frankreichs Bourbonen" werden unter der Rubrik „Louis XV. Mätressen & uneheliche Kinder weitere Geliebte des Königs von Frankreich erwähnt:

um 1748 Anne-Marie de Montmorency Luxemburg
1749 Marie-Marie Françoise-Reneé de Carbonell de Canisy, Gräfin von Forcalquier
1753 Mademoiselle Trusson, Tochter einer Angestellten des Auswärtigen Amtes und einer Kammerfrau der Dauphine
1753 Mademoiselle de Niquet, Tochter des Parlamentspräsidenten von Toulouse
1755 bis 1759 Mademoiselle de Saint-André, Nichte einer Friseurin
1755 bis 1759 Mademoiselle David

1755 bis 1759 Mademoiselle Armory, genannt „Mimi“, Tochter einer Operntänzerin sowie Mätresse des Königs und des Herzogs von Choiseul, heiratete einen Amerikaner

1756 Mademoiselle Selin

1756 Mademoiselle Robert

1756 Marie-Louise de Marny

1765 bis 1768 Mademoiselle Thoinard

1772 Françoise-Marie-Antoinette Raucourt, Schauspielerin der Comédie

1773 Françoise-Marie-Hélène de Tournon, Tochter des Barons von Retourtour, heiratete den Vicomte Adolphe Du Barry

Sicherlich gab es darüber hinaus noch weitere Geliebte von Louis XV.

Schloss Versailles:
Dort erlebte Louis XV.,
König von Frankreich und Navarra,
mit seinen Mätressen
viele schöne Stunden.

Literatur

CRAVIERI, Benedetta: Königinnen und Mätressen, Mailand 2005

GONCOURT, Edmond de / GONCOURTL, Jules de: Madame Pompadour, München 2000

JUREWITZ-FREISCHMIDT, Sylvia: Galantes Versailles. Die Mätressen am Hof der Bourbonen. Gernsbach 2004

KARASEK, Horst: Die Vierteilung. Wie dem Königsmörder Damiens 1757 in Paris der Prozeß gemacht wurde, Berlin 1994

KUSTER, Thomas: Jeanne Antoinette Poisson. Marquise de Pompadour: Aus: Der Aufstieg und Fall der Mätresse im Europa des 18. Jahrhunderts. Eine Darstellung anhand ausgewählter Persönlichkeiten. Phil. Dipl., Innsbruck 2001

MATHY, Helmut: Die Halsbandaffäre. Kardinal Rohan und der Mainzer Kurfürst. Aurea Moguntia, Band 3, Mainz 1989

MITFORD, Nancy: Madame de Pompadour, München 1991

PROBST, Ernst: Superfrauen 1 – Geschichte, Mainz-Kostheim 2001

SCHULTZ, Uwe: Madame de Pompadour, München 2004

THE PEERAGE.COM A genealogical survey of the peerage of Britain as well as the royal families of Europe http://www.thepeerage.com

WIKIPEDIA (Online-Lexikon) http://wikipedia.org

WUNDERLICH, Dieter: Madame Pompadour. Eine Mätresse greift in die Politik ein. Aus: EigenSinnige Frauen. Zehn Porträts, München 2006

Bildquellen

Autor Ernst Probst

Der Autor

Ernst Probst, geboren am 20. Januar 1946 in Neunburg vorm Wald im bayerischen Regierungsbezirk Oberpfalz, ist Journalist und Wissenschaftsautor. Er arbeitete von 1968 bis 1971 als Redakteur bei den „Nürnberger Nachrichten", von 1971 bis 1973 in der Zentralredaktion des „Ring Nordbayerischer Tageszeitungen" in Bayreuth und von 1973 bis 2001 bei der „Allgemeinen Zeitung", Mainz. In seiner Freizeit schrieb er Artikel für die „Frankfurter Allgemeine Zeitung", „Süddeutsche Zeitung", „Die Welt", „Frankfurter Rundschau", „Neue Zürcher Zeitung", „Tages-Anzeiger", Zürich, „Salzburger Nachrichten", „Die Zeit", „Rheinischer Merkur", „Deutsches Allgemeines Sonntagsblatt", „bild der wissenschaft", „kosmos", „Deutsche Presse-Agentur" (dpa), „Associated Press" (AP) und den „Deutschen Forschungsdienst" (df). Aus seiner Feder stammen die Bücher „Deutschland in der Urzeit" (1986), „Deutschland in der Steinzeit" (1991), „Rekorde der Urzeit" (1992), „Dinosaurier in Deutschland" (1993 zusammen mit Raymund Windolf) und „Deutschland in der Bronzezeit" (1996). Von 2001 bis 2006 betätigte sich Ernst Probst als Buchverleger sowie zeitweise als internationaler Fossilienhändler und Antiquitätenhändler. Insgesamt veröffentlichte er mehr als 300 Bücher, Taschenbücher, Broschüren und E-Books.

Bücher von Ernst Probst

Superfrauen 1 – Geschichte
Superfrauen 2 – Religion
Superfrauen 3 – Politik
Superfrauen 4 – Wirtschaft und Verkehr
Superfrauen 5 – Wissenschaft
Superfrauen 6 – Medizin
Superfrauen 7 – Film und Theater
Superfrauen 8 – Literatur
Superfrauen 9 – Malerei und Fotografie
Superfrauen 10 – Musik und Tanz
Superfrauen 11 – Feminismus und Familie
Superfrauen 12 – Sport
Superfrauen 13 – Mode und Kosmetik
Superfrauen 14 – Medien und Astrologie

Superfrauen aus dem Wilden Westen

Königinnen der Lüfte von A bis Z
Königinnen der Lüfte in Deutschland
Königinnen der Lüfte in Frankreich
Königinnen der Lüfte in England, Australien
und Neuseeland
Königinnen der Lüfte in Europa
Königinnen der Lüfte in Amerika

Königinnen des Tanzes
Cortés und Malinche. Der spanische Eroberer
und seine indianische Geliebte
Elisabeth I. Tudor. Die jungfräuliche Königin
Maria Stuart. Schottlands tragische Königin
Zenobia von Palmyra. Eine Frau kämpft gegen
die Römer

Christl-Marie Schultes. Die erste Fliegerin in Bayern
(zusammen mit Theo Lederer)
Drei Königinnen der Lüfte in Bayern.
Thea Knorr – Christl-Marie Schultes – Lisl Schwab
(zusammen mit Josef Eimannsberger)
Liesel Bach. Deutschlands erfolgreichste Kunstfliegerin
Melli Beese. Die erste Deutsche mit Pilotenlizenz
Elly Beinhorn. Deutschlands Meisterfliegerin
Marga von Etzdorf. Die tragische deutsche Fliegerin
Thea Knorr. Eine frühe Fliegerin in München
Angelika Machinek. Eine Segelfliegerin der Weltklasse
Thea Rasche. The Flying Fräulein
Hanna Reitsch. Die Pilotin der Weltklasse
Lisl Schwab. Eine Kunstfliegerin aus den 1930-er Jahren
Sturzflüge für Deutschland. Kurzbiografie der
Testpilotin Melitta Schenk Gräfin von Stauffenberg
(zusammen mit Heiko Peter Melle)
Beate Uhse. Deutschlands erste Stuntpilotin
Tony und Bruno Werntgen. Zwei Leben
für die Luftfahrt (zusammen mit Paul Wirtz)

45

Monstern auf der Spur. Wie die Sagen über Drachen, Riesen und Einhörner entstanden
Affenmenschen. Von Bigfoot bis zum Yeti
Seeungeheuer. 100 Monster von A bis Z

Der Schwarze Peter. Ein Räuber im Hunsrück und Odenwald
Julchen Blasius. Die Räuberbraut des Schinderhannes
Hildegard von Bingen. Die deutsche Prophetin
Johann Jakob Kaup. Der große Naturforscher aus Darmstadt

Der Ball ist ein Sauhund. Weisheiten und Torheiten über Fußball (zusammen mit Doris Probst)
Worte sind wie Waffen. Weisheiten und Torheiten über die Medien (zusammen mit Doris Probst)
Schweigen ist nicht immer Gold. Zitate von A bis Z
Weisheiten der Indianer

Bestellungen bei: www.grin.com